Xavier Reynaud
LE PARTI DE L'AVENIR
LE PARTI
ROYALISTE
DEUXIÈME ÉDITION
Imp. J. GUIRAUD & Cie. - MARSEILLE

Xavier Reynaud

LE PARTI DE L'AVENIR

LE PARTI

ROYALISTE

DEUXIÈME ÉDITION

Imprimerie Provençale
J. GUIRAUD & Cie. - MARSEILLE

LE PARTI ROYALISTE

—

Cette brochure est la deuxième édition de celle que nous écrivions il y a deux ans et qui avait pour titre " LE PARTI CONSERVATEUR " et comme sous-titre " *Ce qu'il devrait être ?,.* "

A cette époque, peu éloignée pourtant, nous groupions dans le parti conservateur tout ce qui n'était pas le gouvernement d'alors, et nous rêvions un grand parti où tous les français patriotes se seraient rangés sous le même drapeau.

Ce ne fut qu'un rêve....

Nous nous disions, tout, mais pas cette république là, à ce point que, traditionnel de naissance, nous étions bien près de nous évader de l'hérédité.

C'est que tous les évènements étaient alors ligués contre nous ; le colonel Marchand paraissait être l'homme de la situation, les yeux se tournaient vers lui comme vers le sauveur qui devait nous débarrasser de la République, et l'on disait couramment que le duc d'Orléans ne voulait pas régner.

En effet, il y avait pénurie grande d'organes royalistes et les comités où l'on aurait pu prendre le mot d'ordre dormaient d'un sommeil que rien ne semblait devoir troubler.

Les temps ont changé, comme nous du reste, car c'est le propre de notre parti de discuter, de vouloir la lumière à tout prix; et nous royalistes, qu'on qualifie constamment de rétrogrades, nous sommes les évolutionnistes par excellence et notre marche toujours à l'avant garde du progrès, laisse bien loin derrière nous, tout ce que la démocratie renferme de médiocrités routinières.

Les fiches

N'empêche que depuis deux ans les faits se sont succédés d'une manière effrayante ; d'abord nous avons eu cette affaire de fiches qui a été la disqualification de tout le parti républicain, car il est un dilemme dont on ne peut sortir, c'est celui-ci : si tous les mouchards ne sont pas francs-maçons, tous les francs-maçons sont des mouchards et comme tous les francs-maçons sont républicains tous les républicains sont des mouchards.

Il est incontestable que partout où il y a administration ou groupement d'individus, il y a toujours eu des délateurs mais c'étaient des délateurs isolés, travaillant pour leur propre compte, tandis que la République a fait de la délation une loi, une institution régulièrement constituée..

Honte à un pareil régime !

Un autre événement considérable qui est venu secouer l'apathie des royalistes, leur donner l'énergie nécessaire pour les prochaines luttes, ce sont les diverses lettres du prétendant.

Le duc d'Orléans

Le doute n'est plus permis, le duc d'Orléans a hautement manifesté son intention de régner afin de donner à notre pauvre pays cette paix dont il a tant besoin; seule au milieu du gâchis actuel, parmi les cris de haine qui s'élèvent tous les jours du sein de la presse maçonnique contre tout ce qui fût la France, son auguste parole s'est faite entendre pour parler de concorde, pour nous dire son espoir dans l'avenir.

« A l'erreur républicaine, dit le Prince, dans sa lettre du 25 mars 1905, doit s'opposer la vérité monarchique. » Cette entrée en matière plus qu'un long discours dénote toute la grandeur d'âme du prétendant, car ce n'est pas erreur qu'il aurait dû dire mais bien mensonge ; oui tout est mensonge dans la République, tout jusqu'à sa devise qui est la négation complète des trois vertus dont elle se réclame.

Les mensonges républicains

La mauvaise foi est surtout l'apanage de ce parti,

et s'il fallait relever tous les mensonges républicains, il y aurait matière à plusieurs volumes et il faudrait refaire toute l'histoire contemporaine.

Nous nous en voudrions de ne pas relever dans l'historique de ces mensonges les derniers en date.

Il y a d'abord l'histoire du milliard des congrégations forgée de toutes pièces par l'un des plus fameux pince sans rire de la troupe, nous avons nommé feu Waldeck-Rousseau, l'avocat des grandes Compagnies qui, sans inventaire, sans donnée aucune, lança cette légende qui a fait depuis lors le chemin que vous savez.

2° Il y a la question des retraites ouvrières, autre mensonge, les ouvriers feront bien de s'armer de patience en attendant l'application.

Les retraites

ouvrières

La discussion des retraites ouvrières restera comme le modèle type des comédies qui se jouent journellement au Palais-Bourbon ; à ce point, que nous sommes surpris de l'incroyable naïveté de l'ouvrier moderne, qu'on ne cesse pourtant de faire passer pour intelligent.

Il fallait voir ces étonnantes séances du matin à la Chambre, où se donnaient rendez-vous de vingt-cinq à trente députés, pas davantage, ce qui n'empêchait pas de voter : statuts, amendements et paragraphes, à une majorité qui variait entre cent trente et cent quatre vingt voix.

Des députés la plupart inconnus, encouragés par le petit nombre d'auditeurs y venaient prendre la parole et préparer leur candidature pour les élections prochaines. Certains jours pourtant nos honorables paraissaient faire de la bonne besogne, nous en donnons pour preuve cet extrait de la séance du jeudi 1er février que nous détachons de l'officiel.

« Sur l'art. 10. — M. de Gaillard Bancel déve-
« loppe un amendement tendant à ce que l'État
« constitue une assurance en cas de décès avec les
« cotisations versées par les ouvriers, de façon que
« les familles des ouvriers ne soient pas dépouillées
« de l'épargne qu'elles ont faites, en d'autre ter-
« mes, que l'argent ramassé par le travailleur, à
« sa mort, revienne de droit à sa femme et à ses
« enfants. »

« M. le Rapporteur. — La rente à capital
« réservé est la plus mauvaise forme de pensions
« de retraite; elle exigerait d'ailleurs de la part de
« l'État une surcharge de 50 millions. La commis-
« sion *d'accord* avec le *gouvernement* repousse
« l'amendement qui n'est pas adopté.

Sans commentaires messieurs les ouvriers, et continuez de crier : Vive la République sociale !

La Royauté en Norwège

Pas de République

Le troisième mensonge est aussi monumental que les deux autres. C'est au sujet de la Norwège. Que ne se rappelle-t-on pas le vacarme qui se fit dans toute la presse franc-maçonne lors de la séparation de la Suède et de la Norwège. Nous ont-ils assez corné les oreilles à cette époque ; on parlait d'une future république norwégienne comme d'un fait accompli ; toute la musique socialiste donna, on allait même jusqu'à affirmer que bientôt l'Europe serait entièrement républicaine et qu'on formerait de nouveaux États-Unis, à l'instar de l'Amérique, ce merveilleux pays, cette terre de liberté où il est défendu aux nègres de s'asseoir à côté des blancs et où l'on sort toujours armé d'un revolver pour se faire justice soi-même, ne pouvant compter sur celle des autres.

Mais revenons à la Norwège ; vous connaissez l'aventure, après s'être séparée de la Suède par une révolution des plus pacifiques, la Commission provisoire lança un plébiscite où tous les citoyens devaient venir librement exprimer leur opinion et choisir à leur gré la forme de gouvernement qui leur paraissait la meilleure.

A une majorité écrasante, pour ne pas dire à l'unanimité, ils ont choisi une monarchie.

A peine revenus de leur stupeur, quelques socialistes français eurent cette maladresse, dans une interview demeurée célèbre, de demander à celui que l'on disait devoir être le futur président de la République norwégienne, à Nansen lui-même, l'explication de ce phénomène : « Nous sommes
« un peuple pauvre dit-il, il ne nous faut pas un
« gouvernement coûteux; nous sommes faibles,
« il nous faut un gouvernement fort; nous aimons
« la liberté, il nous faut un gouvernement large-
« ment tolérant; la République ne saurait nous
« satisfaire, car nous voyons les effets qu'elle pro-
« duit en France. »

C'est ainsi que nous servons de "repoussoir" aux nations voisines comme l'a si bien dit M. de Larégle dans un discours récent.

Nous pourrions ainsi multiplier à l'infini les mensonges républicains, car le mensonge c'est leur grand art, par ce moyen ils en sont arrivés à fausser l'opinion et à créer une sorte de mentalité qui explique l'inertie des masses devant la coquinerie des gens qui nous gouvernent.

Mais laissons ce chapitre de la dissimulation et de l'hypocrisie républicaines, nous nous répétons, il faudrait maints octavos pour relater tous leurs mensonges et encore, car chaque jour des nouveaux viennent s'ajouter aux anciens, soit par la parole de leurs orateurs, soit par la foule des journaux que les fonds secrets entretiennent.

N'empêche que les esprits commencent à

devenir inquiets, et l'on sent que, quelque chose d'imprévu se prépare sous le bâton du chef d'orchestre invisible dont a parlé Wagner, ce nous semble ; en d'autres termes les jours de la République sont comptés.

La fin

de la République

Sera-ce à la suite d'un fait de guerre ? ou d'un cataclysme d'ordre financier ? personne ne le sait. Quand bien même on devine que c'est la fin d'un régime, le fruit est mûr, que disons nous, il est pourri, il tombe tout seul de l'arbre.

En effet la République agonise, et si ce n'était l'inertie des partis de l'opposition il y a longtemps que les Loubet et les Fallières : les Rouvier et les Clémenceau, et toutes les casseroles de marque avec eux auraient vécu.

Certains se pénètrent si bien de ce moment d'extrême décadence politique qu'ils se demandent par quoi l'on remplacera le régime actuel.

Tous ou à peu près, à part quelques rares bonapartistes, se prononcent pour la monarchie avec le duc d'Orléans ; le dégoût pour la République est même si intense que nombre d'adhérents à la cause royaliste ne demandent pas quel est le programme du prétendant, qu'on se débarrasse au plus tôt de ce qu'il y a disent-ils, ce ne sera jamais aussi sale.

L'hérédité

Et telle personne qui réprouvait autrefois l'hérédité s'y cramponne aujourd'hui comme à une planche de salut ; c'est que d'après les règles d'un élémentaire bon sens, il est facile de comprendre que l'hérédité est la chose la plus conforme à la nature comme l'a si bien défini André Buffet.

« En effet dit-il, sans le principe d'hérédité il
« ne peut y avoir que compétitions au détriment
« des intérêts mêmes du pays. Sous le régime
« républicain parlementaire ce ne sont que des
« combinaisons de couloirs pour se hisser, ou hisser,
« un protecteur au pouvoir. »

On l'a bien vu du reste à la dernière élection présidentielle où l'on a élu Fallières, un être mou, flasque, réputé comme nul, de peur de voir élire Doumer plus intelligent et qui avait des velléités de discuter sa signature. Et puis n'est-ce pas encore le suffrage restreint cette élection du Président de la République, puisque sur 11.000.000 de citoyens français, 840 seulement prennent part au vote et il faut tenir compte encore, que la plupart de ces derniers ne sont les élus que d'une majorité bâtarde, car le sectionnement, la manière d'arranger une circonscription et le fonctionnarisme en pervertissent la sincérité.

La Royauté est en outre un véritable métier qu'il faut apprendre ; voyez donc pour preuve le jeune roi d'Espagne, qui d'emblée l'année dernière, faisait la conquête de Paris, par sa tenue et son aménité, par ses réparties et par ses mots. Connaissant plusieurs langues il a pu converser en français en France, alors que Loubet après sept ans de présidence n'a pu s'entretenir avec les dames madrilènes qu'au moyen d'un interprète.

C'était plutôt piteux pour nous !

Ajoutez à cela que dans l'élection d'un président de République, ce sont luttes d'hommes contre hommes, d'arrivistes contre arrivistes. Sous la monarchie au contraire le pouvoir central n'est accessible à nul autre qu'à celui que sa naissance désigne. Plus de compétiteurs, plus de combinaisons mesquines, plus de bassesses à commettre, plus de marchandages, plus de pots-de-vin.

C'est d'après le mérite que le roi désigne les ministres, les auxiliaires qu'il juge les plus utiles. Il peut parfois se tromper, l'Histoire nous apprend qu'il se trompe rarement, l'Histoire nous enseigne aussi que la République se trompe toujours ; crier contre l'hérédité après l'élection d'un Fallières, c'est plutôt roide.

Economie

Politique

Du reste le programme du duc d'Orléans donnera satisfaction à tous les esprits avides de lumières, à tous ceux qui veulent ardemment la paix et la sécurité auxquels ils ont droit de prétendre. A ce point que le ministériel " *le Temps* " estime que son sage programme n'a rien d'essentiellement monarchique et que les républicains s'en accommoderaient sans effort.

L'aveu est précieux à retenir ?

Il est incontestable que les paroles du Prince ont un tel accent de sincérité qu'on a pas même la pensée de les discuter, on sent que quand il régnera les choses se passeront comme il indique,sans grand changement, mais avec un peu plus d'honnêteté dans la manière de gouverner.

« Elevée au-dessous de toutes les conditions
« rivales, indépendante des partis, uniquement
« préoccupée du bien public et de l'intérêt national,
« la monarchie, dit le duc d'Orléans, traditionnelle
« par son principe, moderne par ses institutions,
« demeure le seul pouvoir capable de rendre
« à la France : l'ordre, la prospérité économique,
« le prestige moral et avec son rang dans le
« monde, son rayonnant éclat d'autrefois. Seule
« elle peut mettre un terme à la lutte de classes,
« apaiser l'antagonisme social et par le judicieux
« exercice de sa plus généreuse prérogative, l'impar-
« tialité, garantir à tous, les mérites d'ou qu'ils
« viennent, leur emploi et leur récompense.

« Ainsi conçue la monarchie est en mesure
« d'étudier, non pour les esquiver, mais pour les
« résoudre, les graves questions qui préoccupent à
« cette heure l'esprit public. »

C'est clair et c'est net.

Et le verbe du prétendant par sa concision, laisse bien loin derrière lui toute la phraséologie métaphorique d'un Jaurès.

Nous avons plus de mille despotes nous n'en voulons qu'un, qui soit avant tout un administrateur responsable fesant de la bonne besogne et non un gouvernement impersonnel comme la République.

Nous voulons faire de l'économie politique et non de la politique.

Nous sommes partisan de toutes les libertés, c'est pour cela que nous laissons de côté les questions de religion.

Le programme du Parti Royaliste doit tenir tout entier dans ces quatre lignes.

1° Liberté pour tous.

2° Egalité sans passe-droit dans la société réorganisée.

3° Paix avec l'étranger, mais sans faiblesse dans le maintien de nos droits.

4° Lois protectrices en faveur de l'Industrie, du Commerce et de l'Agriculture, lois sociales pour les ouvriers et les déshérités quels qu'ils soient.

Sera-t-il difficile avec un pareil programme de faire l'union de ceux qui ne veulent pas de révolution mais des évolutions ?

N'importe, il faut combattre quand même; si la tâche est lourde il faut mettre que plus d'âpreté dans la lutte.

Le moment est trop décisif et solennel pour se rebuter; si l'on doit succomber dans cette faillite du bon sens qui nous étreint de toutes parts, les Royalistes auront du moins marqué les coups avec la satisfaction du devoir accompli.

Mais il ne faut pas désespérer dans cette bataille engagée entre le droit et la force, entre la vérité et le mensonge, entre le patriotisme et l'internationalisme : ce sera sûrement le triomphe complet du droit, de la vérité et du patriotisme, c'est-à-dire le triomphe de trois vertus éminemment françaises.

C'est pour cela que notre étonnement est grand devant l'engoûment des masses qui osent encore se dire républicaines, malgré les attentats qui se commettent tous les jours contre la liberté au nom de la République.

En effet peut-on citer un empereur ou un roi, qui, en quinze siècles, et plus de royauté ou d'impérialisme ait été aussi tyran que Combes ou Loubet, que Clemenceau ou Fallières. Assurément non! on chercherait en vain dans toute l'histoire de France.

Il faut bien se pénétrer de cette idée que le mot de républicain ne veut plus dire grand chose, seulement en France on ne vit que de mots et on a surtout peur des mots.

Pourquoi? parce qu'il y en a très peu qui *savent* et les moutons de Panurge sont légions, à ce point que, si l'on posait brutalement à un " pur " cette question : Pourquoi êtes-vous républicain ? il serait gêné pour vous répondre, et vous dirait probablement qu'il est républicain pour ne pas être avec les curés.

Hier et

aujourd'hui

Que l'on fasse un rapprochement entre la France immédiatement avant la prise de la Bastille et la France de 1906, et vous apprendrez en commentant l'histoire à connaître les gouvernements.

Le peuple jouissait sous le règne de Louis XVI d'une liberté à laquelle les proscripteurs actuels ne nous ont pas habitués. Il ne faut pas perdre de vue que l'esclavage et les privilèges des puissants de l'époque furent abolis par ce monarque, qui donna en outre la liberté à la presse, rendit aux protestants leur état-civil et laissa à chacun le libre exercice de son culte.

Dans la nation régnait un bien-être réel, nous en trouvons la justification dans les archives d'une commune que nous visitions dernièrement.

Si nous établissons un parallèle du bilan de cette commune aux deux époques, nous constaterons que nous sommes nullement en progrès et que nous nous acheminons vers une décadence certaine.

En 1780, cette localité, comme toutes les autres du reste, avait un hôpital pour les malades : aujourd'hui il n'y en a plus !

La commune faisait une pension aux filles à marier ; aujourd'hui la pension est abolie !

Elle avait une provision de blé à céder à crédit aux pauvres : aujourd'hui, il n'y a ni blé, ni crédit.

Elle possédait deux moulins : l'un à blé, l'autre à huile ; aujourd'hui, il n'y a ni l'un ni l'autre !

Le pain, se vendait dix centimes le kilogramme ; la viande de huit à dix sous ; le vin, cinq centimes le pôchier !

Ajoutez à cela qu'il n'y avait pas d'exercices militaires.

Si nous multiplions nos citations et que nous parlions de la moralité publique d'alors, on trouvera que les temps sont joliment changés !

En effet, on relève un enfant naturel et deux vols, de 1550 à 1780, tandis qu'il y a eu quatre bâtards et trois vols avec effraction, de 1800 à 1874 !

Que faut il penser de ces socialistes, falsificateurs d'histoires qui ont toujours plein la bouche des gens taillades et corvéables à merci, en parlant du peuple du XVIII° siècle et d'avant.

Il faut être crétinisé jusqu'à la moelle, n'y voir qu'avec les lumières ce tous ces abominables farceurs, pour oser nier que nous sommes plus corvéables que jamais.

Vous ! un peuple libre, sans dimes, ni gabelle allons donc! vous voulez rire ; rien chez vous ne vous appartient en propre car la main de l'Etat s'y manifeste partout

Le vin que vous buvez paye l'impôt, l'enseigne que vous mettez à votre porte, le métier qui vous nourrit, le chien qui vous garde, la charette qui vous traine, la bicyclette qui vous amuse.

De tous côtés l'Etat vous demande des comptes, et taxe à tort et à travers vos objets, vos aliments et jusqu'au toit qui vous abrite alors même qu'il ne vous appartient pas.

Ah! oui, vous parlez à tous propos d'ancien régime, d'esclaves, de seigneurs. Etes-vous sûrs de ne pas être les esclaves de quelqu'un? Non! assurément, car les seigneurs pullulent sous une autre forme et ce sont eux qui vous mènent.

Regardez-bien autour de vous! observez! et vous verrez que de partout des bastilles se dressent; alors peut-être vous comprendrez que franchement il ne valait pas la peine de s'emparer de l'autre, pour aboutir à un aussi piteux, à un aussi lamentable résultat.

Voilà ce que les Royalistes doivent dire non seulement aux prétendus intellectuels, mais encore aux ouvriers, les éternels trompés. C'est à ces derniers qu'il faut s'adresser surtout, car ce sont les plus intéressants et ils sont l'avenir.

Les questions
religieuses

Mais pour être entendu d'eux, il faut résolument abandonner les questions religieuses, car il est une vérité incontestable que, si le Parti Royaliste reste politiquement lié au dogme, nous courrons le risque de garder encore longtemps un gouvernement qui est sur le point de sombrer.

Certes en écrivant ces lignes, et c'est la partie
la plus délicate de notre tâche, nous savons par
avance que nous allons rencontrer chez certains de
nos amis une réelle opposition, opposition d'autant
plus sérieuse quelle est le juste corollaire du heurt
de leurs principes avec nos principes de récente
évolution.

Cette évolution, c'est la logique du moment
qui en est cause. Effectivement, la royauté qui va
succéder à la République actuelle ne sera qu'un
gouvernement libéral.

La monarchie qui viendra, sera moderne à coup
sûr, ses vieilles attaches avec le dogme disparaîtront,
c'est uniquement parce que nous voulons faciliter
la marche des événements, que nous laissons au
peuple le discernement le plus complet en matière
de religion.

A ceux qui nous incrimineraient par hasard,
nous faisons un pressant appel à leur bonne foi, et
si nos termes les choquaient parfois, qu'ils n'y
voient aucune atteinte portée à leur conviction, ils
mettrons notre manière de nous exprimer sur le
compte des obligations du moment, où les mots
doivent vibrer bien fort, alors qu'ils sont les prémices de moyens plus violents.

Ajoutons en outre qu'avec eux nous croyons
aux beautés morales et matérielles des religions,

mais des religions quelles quelles soient, pourvu qu'elles enseignent les vertus et les moyens de les pratiquer.

Pour les religions la liberté doit être absolue, chacun doit pouvoir professer le culte de ses pères, violer ce droit est un attentat contre l'humanité.

Sans religions il n'y a pas de morale possible ; pour frapper l'esprit des faibles et peut-être aussi celui des forts, il faut recourir à des images qui ne tombent pas immédiatement sous les sens, il faut un inconnu immatériel ; on ne moralise pas un peuple au nom d'un roi, d'un empereur ou d'une république ; on se moque des lois humaines et du gendarme, on a peur quoique l'on dise de l'au-delà.

Nous ne parlerons pas des religions au point de vue des arts, cela nous entraînerait trop loin mais là aussi leur action est manifestement bienfaisante, Raphaël et les maîtres de toutes les écoles, *leur doivent leurs plus heureuses, leurs plus géniales inspirations.*

Cette déclaration faite pour bien démontrer que nous ne sommes pas matérialiste, nous met à l'aise pour répéter à nos amis, que l'on doit séparer impitoyablement la question religieuse de la question politique.

Les questions religieuses sont des questions irritantes au premier chef ; ce sont choses que l'on devrait taire et c'est d'elles que l'on parle le plus. Demain que l'on fasse silence autour des religions

et le Parti Royaliste grandira d'une manière
inusitée.

Le duc d'Orléans qui est un esprit judicieux,
subtil et prévoyant l'a si bien compris que dans sa
lettre-programme du 25 mars 1905 dit ceci : « A l'ère
« des persécutions mesquines, la monarchie fera
« succéder un régime de justice et de prévoyance.
« Respectueuse de la liberté religieuse, elle saura à
« la fois maintenir les prérogatives de l'Etat et
« garantir à l'Eglise le libre exercice de sa mission
« divine. *Un régime analogue s'appliquera aux*
« *autres cultes*, on verrait seulement aboutir cette
« réforme tant souhaitée, la séparation de la franc-
« maçonnerie et de l'Etat.

C'est un langage d'or à ce point qu'Edouard
Drumont qui est et sera peut-être le cerveau le plus
pondéré du vingtième siècle dit ceci, au sujet des
associations culturelles : « Ce qu'il y a d'admirable
« dans ce mouvement, c'est que la politique passe
« au deuxième plan, les hommes de toutes les
« opinions comme de toutes les classes se sont
« retrouvés spontanément les uns près des autres.
« Le dernier manifeste du Comité Royaliste recon-
« nait bien ce fait, et le duc d'Orléans a fait preuve
« d'un tact incontestable et d'une rare élévation
« d'esprit en s'abstenant de protester, comme chef
« de parti, contre des lois qu'il blâmait comme
« chrétien. »

Par conséquent sur ce point nous sommes
d'accord avec le prétendant.

Prenez cette peine de la réflexion et vous verrez que l'on donne un aliment de combat aux républicains qui, conscients de ne pouvoir faire d'utiles réformes, ne demandent pas mieux que de servir le même plat, le plat du péril clérical.

Lors de la première élection de Brisson, à Marseille, nous assistions à l'une des conférences de cet intègre réputé et joyeux croquemort ; ce ne fut qu'un sermon laïque du commencement à la fin ; dans un laps de temps très court, il dut manger trois cents curés au moins, une bonne douzaine d'évêques, deux ou trois cardinaux, mais de questions économiques point, de questions ouvrières encore moins si possible.

Il est indiscutable que les républicains ne pourraient nous combattre avec leur théories politiques s'ils n'avaient pas avec eux cette arme magnifique, pardonnez nous en l'expression, qu'est la calotte.

Que l'on aborde leurs tribunes, que l'on discute avec eux, alors que vos arguments seront péremptoires, ils feront couvrir votre voix de nombreux : A bas la calotte !

Démontrez-leur que vous n'êtes pas plus calottins qu'eux, tout le succès de votre politique est là.

Un parti monarchique peut s'établir, s'instaurer, sans se reposer sur l'esprit religieux. Certes, autrefois la religion catholique étant la seule force politique de la nation, les rois de France s'en emparèrent naturellement dans l'unique but de se maintenir au pouvoir; aujourd'hui, c'est la raison inverse qui la fera délaisser.

Quand nous disons délaisser nous nous plaçons au point de vue politique, car toujours les religions marcheront de pair avec les gouvernements qui ont une morale, et la religion catholique qui est celle de la majorité aura droit à quelques compensations après toutes les avaries qu'elle aura endurées de la part des gens du bloc. Il est une chose certaine que depuis les décrets Ferry jusqu'aux inventaires, l'Eglise catholique a subi un dommage matériel autant que moral et la France a contracté avec elle une dette dont elle devra s'acquitter un jour.

Ce sera une simple formalité administrative car le duc d'Orléans étant homme de progrès avant tout, s'appuiera sur les deux grands leviers modernes qui sont : le parti ouvrier d'un côté, la mutualité de l'autre.

Les méfaits de la

République

Ceci posé, occupons nous de la République.

On a dit qu'en France la République était un accident, cela est un peu vrai; malheureusement l'accident se prolonge par trop. Il est certain que rien de stable ne peut se créer avec le principe républicain, en France, moins que partout ailleurs Nous n'irons pas chercher des exemples dans l'histoire des républiques de l'antiquité, ni dans celle des républiques plus rapprochées de nous, mais prenons celle que nous subissons à l'heure actuelle et dites ce qu'elle a fait ?

A coup sûr rien de bon, mais le mal est incalculable.

Nos finances dilapidées, avec une dette flottante qui se chiffrera par un milliard avant la fin de l'année, de l'aveu même des financiers du bloc.

Notre armée diminuée, amoindrie, bafouée, mouchardée, placée entre les mains des pires ennemis de la France et qui nous auraient déjà vendus si l'alliance avec la Russie n'était pas survenue à temps.

Notre marine nous ne la citerons que pour mémoire, vous savez ce qu'en a fait et ce qu'en fait tous les jours Pelletan et Thompson, les hommes des grandes désorganisations.

Notre dignité nationale foulée aux pieds, désagrégée par des gens qui nous parlent encore de Sedan alors qu'ils reviennent à peine de Fachoda et d'ailleurs.

Pour un simple geste d'insulte fait à notre représentant sur le sol africain, Charles X s'empara de l'Algérie. Que fait-on à cette heure ! on se prosterne devant le conquérant de nos meilleures colonies, et le protocole est allé jusqu'à apprendre à Loubet comme on s'abaisse devant un roi.

Notre liberté ! peut-on en parler sans tristesse au nom de cette liberté dont on se réclame tant en République on a coupé la France en deux : on veut tout pour les uns et rien pour les autres; on ne

veut pas de calottes et l'on veut nous imposer des
équerres et des coï pas ; on veut laïciser les hôpi-
taux et ils sont les premiers à se faire soigner par
les sœurs ; on ne veut plus que nos enfants fassent
leur communion et ils la font faire aux leurs ; on
ne veut pas de baptêmes et nous connaissons un
socialiste un pur celui-là, propriétaire d'une flotte,
qui fait baptiser ses bâteaux de peur des naufra-
ges, comme si l'être humain quel qu'il soit ne
valait pas largement ses bâteaux ; bref, on jette le
Christ hors des écoles, on en bannit le nom afin
que nous n'ayons pas ce droit d'élever nos enfants
comme nous l'entendons et on vient inventorier dans
nos églises les objets donnés par les notres, et qu'ils
nous prendront demain si nous les laissons faire.

Après tous les méfaits, oser se proclamer ami
de la liberté c'est d'un cynisme que l'intérêt seul
ou la bêtise peut excuser.

Et cette constatation nous amène à certaines
critiques des hommes qui, plus religieux que nous
le sommes, partisans en outre d'un monarque, sont
sur le conseil du Pape entrés résolument dans la
République.

Quels regrets cuisants pour eux, aujourd'hui
que l'expérience est faite ; ils ont voulu assainir
les écuries d'Augias et les écuries d'Augias sont
plus sales que jamais.

Ils ont fait fausse route, ils doivent en convenir.

C'est pour cela que les Royalistes doivent faire
silence autour des questions religieuses.

Dans les luttes politiques qu'ils livreront désormais il est obligatoire qu'ils les rejettent hardiment et sincèrement de leurs programmes, outre qu'ils donnent des bâtons pour se faire battre, ils incommodent le peuple qui ne les comprend pas et qui ne marchera jamais avec eux dans ces conditions.

Le bon Dieu n'est pas un monopole que nous sachions ; que les croyants gardent leur foi, mais qu'ils ne fassent que de la politique dans les luttes politiques. De l'abandon momentané qu'ils feront de l'idée religieuse dépendra le succès final de la bataille.

La Royauté qui va remplacer la République parlementaire, sera incontestablement un gouvernement qui représentera à coup sûr la dernière formule du progrès, et comme tel se reposera sur les deux forces vives de la nation qui sont, comme nous l'indiquions plus haut: le parti ouvrier et la mutualité.

C'est pour ce, que les chefs de file et les remueurs d'idées des différents groupes de l'opposition devraient dresser leurs batteries uniquement de ces côtés. Ils seraient d'accord avec leur siècle et feraient preuve d'un pratique bon sens.

Qu'ils soient persuadés que le peuple marchera avec eux, comme les bouchers de la Villette avec de Pontevès, quand il se battront simplement et rien que pour la liberté.

Le peuple avec son air indifférent ou passionné en a assez de la République qui ne lui a donné depuis plus de trente ans que le strict nécessaire, ce qu'elle ne pouvait pas lui refuser, assurément moins que ce qu'un gouvernement bien administré aurait pu faire.

Les hésitations que le peuple a de nous suivre viennent des Royalistes qui n'ont pas encore tracé ce large programme que nous essayons d'élaborer aujourd'hui.

Le peuple se figure lui, que si le roi arrive demain, ce sont les curés qui vont régner, confesser les femmes, capter les héritages, abêtir les enfants.

Il faut détruire ces légendes que la presse et les écrivains anticléricaux ont pris un soin inouï d'échafauder et de propager.

Leçon d'histoire

Rappelez au peuple cette parole de Lavisse qui est tout un monument de vérités : « *Toute l'histoire de France dit-il, est à faire et ne sera faite que lorsque des escouades d'ouvriers auront défriché toutes les parties du champ.* »

Comme cela est juste et vrai ; nous en donnons pour preuve ce parallèle que nous faisions au début de notre brochure entre une commune d'avant 1789 et cette même commune aujourd'hui.

Au roman, opposez l'histoire, mais l'histoire vraie; dites au peuple que la République n'est pas possible en France, l'expérience a déjà trop durée ; en effet : modérée, progressiste, radicale, socialiste qu'a-t-on récolté depuis 1870 ? Ce qu'on a semé : la désunion dans les esprits, la guerre civile dans la rue, l'anarchie dans les finances françaises.

Faites un rapprochement entre le gouvernement modèle de Louis-Philippe et le gouvernement républicain actuel. Au besoin et pour bien démontrer au peuple l'inanité du socialisme, citez-lui la République romaine; apprenez-lui ce qu'étaient les lois agraires, qui paraissaient être l'expression rêvée de la meilleure des républiques et qu'on appliqua cependant sans aucun profit pour le peuple.

Il sera bon de souligner que le peuple d'il y a deux mille ans et plus, qu'il fut de Rome ou d'Athènes, était exactement le même que celui d'aujourd'hui. Comme lui il demandait aussi un *maximum* de salaire pour un travail *minima*, mais ce qu'il désirait en réalité c'était de ne rien faire du tout. Il le prouva bien le jour où un patricien ami du peuple, autant qu'avisé politique, fit voter au Sénat la participation des biens agraires à la plèbe qui n'en voulut pas.

Elle préféra rester à Rome, où elle se baignait dans les boues du Tibre le ventre au soleil, quand elle ne discourait pas sur le forum avec les pères conscrits, que d'aller défricher à Anctium les terres qu'on lui avait concédées.

Dégagez de cette leçon d'histoire cette morale, que la République est la négation du travail et que sans travail on ne peut rien.

Aux attaques de nos adversaires répondez par des attaques, s'ils vous parlent de calottes apprenez-leur que les jésuites n'eurent pas de pires ennemis que les rois de France, et qu'à part une époque ou deux troublées par des guerres de religion, chacun faisait ce que bon lui semblait, au point que les papes d'Avignon donnèrent asile aux Juifs que de partout l'on traquait comme des bêtes fauves.

A ceux qui nous entretiendront de dragonnades, de Saint-Barthélemy, d'Edit de Nantes ; expliquez au peuple que ce furent surtout des manifestations religieuses et rien de plus, la politique resta à peu près étrangère à ces évènements, car les rois savaient par expérience que les guerres religieuses étaient toujours funestes à ceux qui les provoquaient.

Pour se rendre un compte exact de ce qui se passa, lors de la Saint-Barthélemy notamment, pour en établir les responsabilités, il faut en connaître tous les détails et se pénétrer des mœurs de l'époque.

A la cour de Charles IX, qui était encore un enfant, régnait un désarroi complet par suite des compétitions de Catherine de Médicis avec l'amiral de Coligny ; il arriva ceci en outre que les gentils-hommes catholiques de la garde du roi furent remplacés par des huguenots, qui à peine débarqués de leurs provinces furent d'une insolence intolérable avec les catholiques ; aussi l'aversion de la reine-mère pour l'amiral et le souvenir de la Michelade de Nimes, cette Saint - Barthélemy protestante, servirent de prétexte à ceux qui s'établirent des vengeurs.

Et puis autres temps, autres mœurs ! soyez convaincus que demain quand la France sera de nouveau entre les mains d'un véritable roi, soyez convaincus disons nous, que ces irritantes questions de chapelles ne donneront pas même lieu à de simples escarmouches.

On aura des réformes plus utiles à faire, d'autres chiens à fouetter.

Et ceci nous amène à dire quelques mots sur la la meilleure forme de gouvernement !

La meilleure forme
de gouvernement

La meilleure forme de gouvernement doit être celle qui est la mieux approprié aux besoins de l'heure présente. Ce qu'il faut pour relever la France aux yeux des autres nations et l'arrêter dans sa marche insensée vers sa décadence morale, politique et financière, c'est un roi avec une Constituante composée d'un membre par département.

Mais pour en arriver à ce résultat, il faut faire abnégation complète des religions ; ne cessons pas de le dire et de le crier bien haut, afin que le pays ne s'égare plus dans des questions stériles qui sont à coup sûr l'unique empêchement des solutions des problèmes sociaux.

Il est indiscutable qu'il n'est pas possible de continuer à vivre dans le bourbier dans lequel nous patangeons ; un roi seul peut faire de la bonne administration et aboutir enfin à la réalisation des retraites ouvrières toujours ajournées, jamais résolues. Alors qu'en Belgique et en Italie, deux pays pourtant monar-

chiques et moins florissants que la France des retraites sont allouées aux ouvriers âgés de soixante ans,
les nôtres meurent de faim et attendent encore sous
l'orme des revendications sous lequel s'abritent les
formules creuses des Millerand, les périodes ampou-
lées des Jaurès.

Les ouvriers
toujours trompés

Tous ces rhéteurs savent fort bien qu'en l'état
actuel de notre budget, on ne peut rien, absolument
rien faire pour les ouvriers. C'est même pour cela
qu'ils ont placé en premières lignes du bréviaire
socialiste le péril clérical d'abord, l'internationalisme
ensuite; ils ont exploité l'un et l'autre avec un égal
bonheur, fort heureusement que l'ouvrier commence
à ouvrir les yeux et voir clair dans le jeu de ces
farceurs. Les ouvriers savent fort bien que sous
prétexte d'internationalisme, on a facilité l'entrée en
France d'une foule d'étrangers qui sont autant d'élec-
teurs pour maintenir les socialistes au pouvoir, mais
qui ont remplacé peu à peu la main-d'œuvre fran-
çaise dans les chantiers, comme dans les ateliers.

Tous les humains sont frères disent-ils, nous
le savons aussi bien qu'eux, la doctrine date de deux
mille ans environ, elle n'est pas de leur invention, mais
la première, la bonne fraternité commence immédiat-
tement par ceux qui nous touchent de près, qui
vivent de notre vie, qui ont nos habitudes et nos
mœurs. La doctrine Saint-Simonienne basée sur
l'unité universelle est un beau rêve, mais ce n'est
qu'un rêve, car chaque contrée a le climat qui lui

est particulier, la flore qui lui est propre : il en est de même de l'humanité. La guerre civile est à l'état permanent chez nous, reculer les limites des frontières ce serait développer le champ de la discorde. A l'origine du monde l'homme se battit avec les ours des cavernes, il les abandonna le jour où il rencontra son semblable.

Aussi sont-ils mal venus, ces socialistes qui nous parlent sans cesse de la paix, alors que leurs doctrines comme leurs actes tendent à faire une guerre d'apaches à ceux qui ne pensent pas comme eux.

En conséquence, que toutes les personnes de bonne volonté se liguent pour se mettre en travers de pareilles théories ; puisque la République n'a produit qu'un résultat désastreux, qu'on la démolisse Il y a mieux assurément et ce mieux ne pourra se trouver que dans un seul responsable.

A nous les Royalistes !

Et pour terminer il est de toute nécessité que le Parti Royaliste se réorganise; Il faut faire une propagande énorme par la presse, les brochures, les images, les conférences ; Il faut surtout secouer l'apathie particulière aux hommes de l'opposition, nous nous adressons plus spécialement à ceux de nos amis qui font profession de faire avorter les plus simples manifestations et de mettre en échec les meilleures volontés; ceux-là qui tout dernièrement firent ajourner la réunion que les vaillants

frères de Cassagnac donnèrent par la suite à la
salle Wagram, ces timorés royalistes membres de
Comités ou membres de Cercles qui attendent pla-
cidement assis dans leur fauteuil, la venue du roi.

Ils ne comprennent pas qu'à notre époque, il
faut des hommes nouveaux avec des mœurs nouvelles
pour manifester plus bruyamment, plus opportuné-
ment ; qu'il faut enfin prendre contact avec les foules
qu'ils ignorent, avec les ouvriers qu'ils ne connais-
sent pas.

Rappelons ces paroles du prince qu'on ne saurait trop citer : « Battons nous à visage découvert
« drapeau déployé, le temps travaille pour nous et
« le nombre s'accroît chaque jour des républicains
« désabusés qui n'attendent rien que d'un change-
« ment de régime. Pour moi, fort des leçons de
« l'histoire, héritier de ceux qui firent la France, je
« n'ai qu'une ambition servir mon pays. Vienne
« l'heure marquée par Dieu de me dévouer à son
« salut : je serai prêt. »

C'est à nous qu'il appartient de faire devancer
cette heure ; assez de mortifications, assez de pro-
vocations, nos adversaires en disant que la révolution est le plus saint des devoirs nous ont indiqué
la marche à suivre ; debout donc tous les royalistes,
sus à la République !

Un dernier mot

En finissant et comme conclusion dernière nous
ne parlerons pas du 1er mai, ni des élections pro-

chaines ; à leur sujet nous ne donnerons aucun conseil car nous le répétons, le scrutin n'étant pas sincère il n'est plus la libre émanation populaire qui devrait en découler.

Nous ne comptons pas sur les élections du 6 mai pour changer le régime des despotes, des sectaires, et disons-le, des jouisseurs que nous subissons, mais bien sur la poussée vengeresse des déshérités qui commencent à ouvrir les yeux ; demain ce sera la révolution, et comme la France ne mourra pas, ne peut mourir dans ce cataclysme, le bon sens populaire, qui est l'âme même de notre pays, reprendra le dessus et donnera la seule solution plausible, naturelle après tant d'épreuves, la royauté.

Les renaissances succèdent toujours aux décadences, toute l'histoire du monde est là pour l'attester.

Mais en attendant constatons une foi de plus que la révolution gronde de toutes parts, elle s'étend partout, l'émeute surgit à Courrières, à Denain, à Lens et à Angin; on pille le logement d'un contre-maître et on incendie le chateau du patron à Abbeville, on enferme le commissaire de police à la Bourse du travail de Toulon, les apaches envahissent le tribunal de Reims, nos arsenaux militaires sont entre les mains des anarchistes, les grèves s'organisent meurtrières et sanglantes sur tous les points du territoire, la Républi-,ue récolte ce qu'elle a semé ; la haine a engendré la haine et bientôt le peuple sera en conflit avec le gouvernement ; les agents de Clémenceau sont tout prêts à marcher.

Toutes nos prophéties se réalisent, il était fatal d'en arriver là.

Tous ces braillards, tous ces meneurs tous ces sénateurs, tous ces députés républicains l'ont-il assez berné le pauvre peuple français, il fallait bien que leurs turpitudes et leurs mensonges eussent enfin leur jour d'échéance; payez messieurs.

Demain tous ces malheureux ouvriers égarés par vos sophismes et vos promesses vous livreront l'assaut définitif dans lequel vous sombrerez.

Et sur ces ruines fumantes je salue déjà l'aurore d'un jour nouveau...Philippe VIII !

20 Avril 1906

IMPRIMERIE
PROVENÇALE
J. GUIRAUD & Cie
QUAI DU CANAL, 7
MARSEILLE

www.ingramcontent.com/pod-product-compliance
Ingram Content Group UK Ltd.
Pitfield, Milton Keynes, MK11 3LW, UK
UKHW022224070726
13613UKWH00004B/1870